PICCO[illegible]

DI PITTI

Progettazione ed editing
Giuseppe Degara
Carmen Calovi

Progetto grafico, copertine e illustrazioni
Enrico Bortolato

Si ringrazia per il supporto Patrizia Pigato

Via del Pioppeto 24
38121 TRENTO
Tel. 0461 951500
N. verde 800 844052
Fax 0461 950698
www.erickson.it
info@erickson.it

Cofanetto (2 volumi indivisibili)
ISBN: 978-88-590-0896-5

4ª Ristampa

Finito di stampare nel mese di luglio 2020
da Longo AG-SPA, Bolzano

Camillo Bortolato

Primi voli in lettura

PICCOLA STORIA DI PITTI

Erickson

Camillo Bortolato

Insegnante e pedagogista,
autore di strumenti e materiali
sul Metodo Analogico
pubblicati con le Edizioni Erickson.

www.camillobortolato.it
www.erickson.it

INTRODUZIONE

Imparare a leggere è una questione di magia. Basta riuscire a unire le lettere di una sola parola per scoprire il meccanismo segreto che vale per tutte le altre. Con questo libretto sarà un percorso di crescente entusiasmo arrivare fino alla fine, soprattutto per la gioia di aver imparato da soli.
Piccola storia di Pitti è concepito per avvicinarsi alla lettura in questo modo diretto, come quando ci si approccia al computer o al tablet.
Il Metodo Analogico è ritrovare la via naturale di apprendere, nella giusta gradualità, cioè «al volo».

COME UTILIZZARE IL LIBRETTO

1. Disporre la striscia finale dell'Abecedario aperta accanto al libretto per consultarla in caso di bisogno.
2. Leggere al bambino la pagina introduttiva del racconto per creare attesa.
3. Aiutare il bambino a unire le prime letterine e poi lasciarlo continuare possibilmente da solo per il piacere della conquista personale.
4. Rispondere alle richieste del bambino senza precederlo con domande.
5. Considerare il testo finale come una eventuale fase avanzata, non imprescindibile.
6. Agire con delicatezza e senza forzature, anche sospendendo l'attività, perché il piacere della lettura non si trasformi in imposizione e poi in rifiuto.
7. Considerare che il conseguimento della lettura sarà oggetto sistematico di apprendimento nella scuola primaria.

C'era una volta una casa,
con intorno un giardino e tante piante.

Sul ramo di un albero c'era un nido
con un piccolo pettirosso di nome Pitti.

La mamma gli raccomandava sempre
di non muoversi dal nido, ma Pitti pensava
ai suoi amici che già volavano
e sognava di andare con loro.

Un giorno, la mamma,
dovendo allontanarsi per cercare cibo,
raccomandò a Pitti di non muoversi
e di aspettarla...

TO R NO
SU BI TO

PI TTI

VO LA

AL TO AL TO

Pi tti vo la al to al to

BA TTE

SU L

MU RO

ba tte su l mu ro

CA DE

A

TE RRA

ca de a te rra

A PE
MA MMA
A LA

VI E NE

LA

NO TTE

vi e ne   la   no tte

GU FO
LU NA

PI O VE

È

BU I O

pi o ve è bu i o

CA DE

NE L

LA GO

ca de ne l la go

PI TTI
HA
PA U RA

Pi tti ha pa u ra

LA

RA NA

RI DE

la ra na ri de

CRA
CRA

L' O CA
LO
AI U TA

l' o ca lo ai u ta

QUI
QUO
QUA
A I U TO
QUE

PI TTI
È
SA L VO

Pi tti è sa l vo

GRAZIE
CIAO PITTI

PI TTI

HA

FA ME

Pi tti ha fa me

BO BO

È

BU O NO

Bo bo è bu o no

PI TTI E BO BO

SO NO

A MI CI

Pi tti e Bo bo so no a mi ci

O RA PI TTI

S TA

BE NE

o ra Pi tti s ta be ne

PI TTI

VO LA

Pi tti vo la

VO LA

VE R SO

CA SA

vo la ve r so ca sa

LU CCI O

VO LA

SU LLE

CA SE

vo la su lle ca se

E CCO

IL

NI DO

e cco il ni do

E CCO

LA

MA MMA !

e cco la ma mma !

Prova se vuoi a leggere

tutto da solo

PI TTI VO LA AL TO AL TO

BA TTE SU L MU RO

CA DE A TE RRA

VI E NE LA NO TTE

PI O VE È BU I O

CA DE NE L LA GO

PI TTI HA PA U RA

LA RA NA RI DE

L' O CA LO AI U TA

PI TTI È SA L VO

PITTI HA FAME

BOBO È BUONO

PITTI E BOBO SONO AMICI

ORA PITTI STA BENE

PITTI VOLA

VOLA VERSO CASA

VOLA SULLE CASE

ECCO IL NIDO

ECCO LA MAMMA !